# Idealismus und Naturalismus in der gotischen Skulptur und Malerei

Von

Max Dvořák

München und Berlin 1918
Druck und Verlag von R. Oldenbourg

By

Printed in the USA
CPSIA information can be obtained
at www.ICGtesting.com
JSHW021038171023
PP13022300001B/1

9 783486 744910